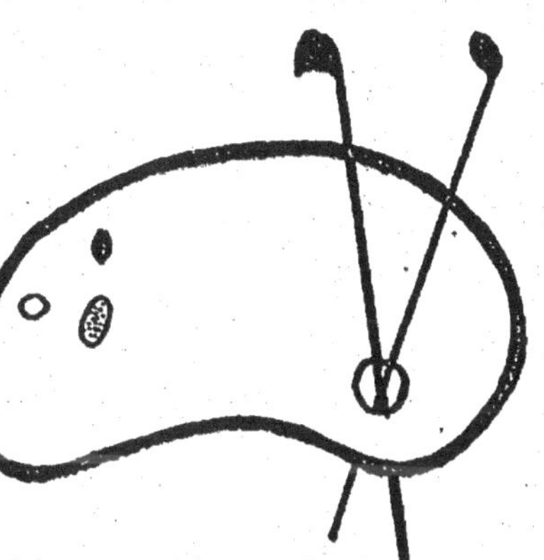

DEBUT D'UNE SERIE DE DOCUMENTS
EN COULEUR

Couverture inférieure manquante

RUDIMENS
DE LA
SCOLASTIQUE GALLO-ROMANE

APPRISE EN SUIVANT
LE COURS DES AUBETTES
RIVIÈRES DE MEULAN ET DE MAGNY-EN-VEXIN

PAR

A. DUJARDIN
Membre de la Commission des Antiquités et des Arts de Seine-et-Oise

TESTAMENT

La tête et la queue mises ensemble.
On sait le corps de qui passe et reviendra.

Tirage :
50 exemplaires

ÉTAMPES
M. DORMANN, IMPRIMEUR-ÉDITEUR
16, Rue Saint-Mars, 16

1909

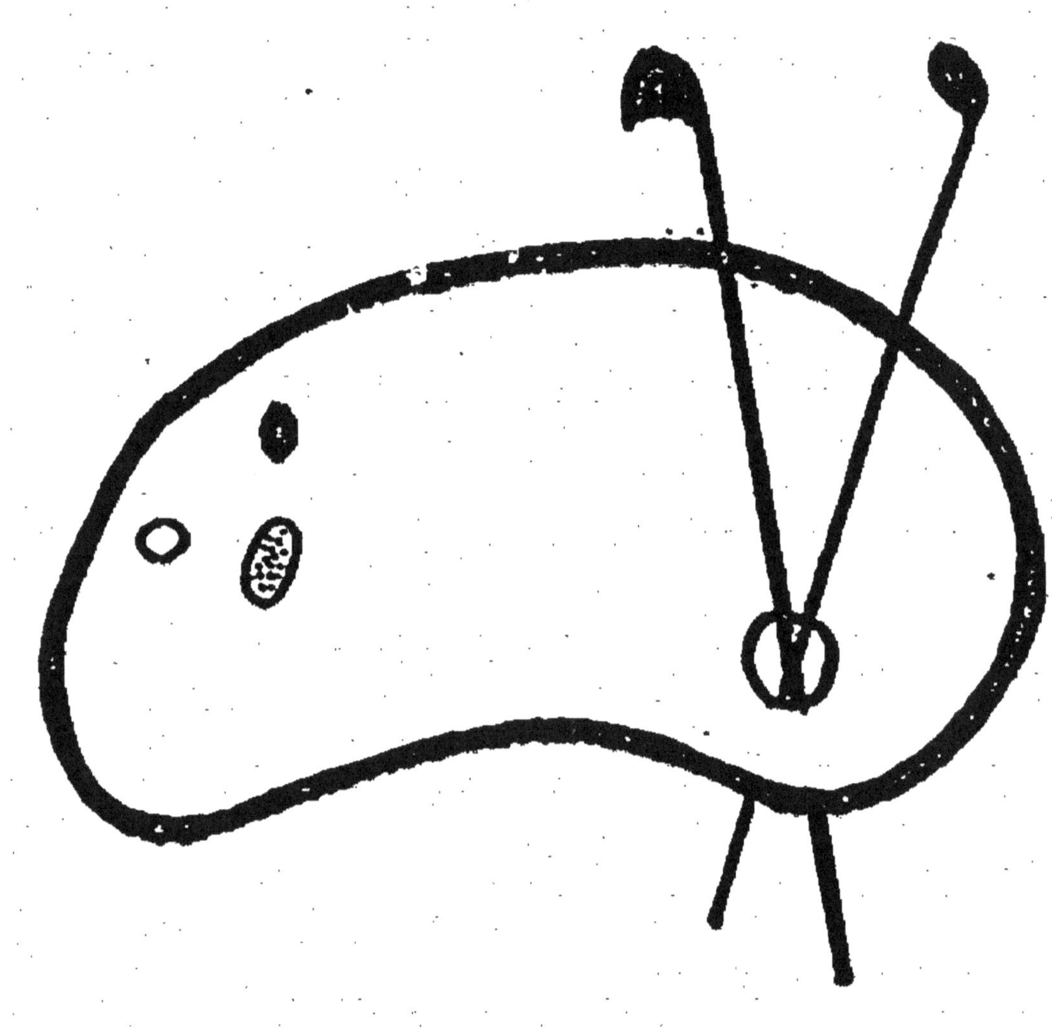

FIN D'UNE SERIE DE DOCUMENTS
EN COULEUR

RUDIMENS

DE LA

SCOLASTIQUE GALLO-ROMANE

ÉTAMPES. — IMP. MAURICE DORMANN

RUDIMENS

DE LA

SCOLASTIQUE GALLO-ROMANE

APPRISE EN SUIVANT

LE COURS DES AUBETTES

RIVIÈRES DE MEULAN ET DE MAGNY-EN-VEXIN

PAR

A. DUJARDIN

Membre de la Commission des Antiquités et des Arts de Seine-et-Oise

Tirage :

50 exemplaires

TESTAMENT

La tête et la queue mises ensemble.

On sait le corps de qui passe et reviendra.

ÉTAMPES

M. DORMANN, IMPRIMEUR-ÉDITEUR

16, Rue Saint-Mars, 16

—

1909

OUVRAGES DU MÊME AUTEUR

Estampes Mythologiques des Celtes Gallo-Romains et Francs

PANTOMIMÉES HYDROGRAPHIQUEMENT PAR LES SYLVAINS DE SAINT-MAUR-LES-FOSSÉS

Un fort volume in-8° de 600 pages

Liens de Magie
Ourdis par l'Archange, par le Diable

POUR RESSUSCITER EN SORTANT DES ENFERS

Une brochure de 48 pages

Comme en revenant de Pontoise

CATÉCHISME ÉPISCOPAL EN USAGE CHEZ LES GAULOISES
RÉFORMÉ AVEC SAINT-LOUIS POUR LES FRANÇAISES
CHEMIN DE LA RÉSSURRECTION ET DES REVENANTS

Une brochure de 48 pages

La Dame de Montigny-le-Gannelon

LÉGENDE DÉVOILÉE

Une brochure de 16 pages

Abécédaire

DU CURIEUX VISITANT ÉTAMPES

Revue de images qui sont à Guigner

RUDIMENS DE LA SCOLASTIQUE GALLO-ROMANE

LE CLAVEAU

LA CLEF

La toponomastique, les noms patronymiques, les images sculptées sont à l'ordre du jour pour connaître et approfondir l'antiquité gauloise encore sous le voile.

M. Ch. Lentheric, qui a publié *Le Rhône*, dit : « Les noms géographiques sont de vrais documents et l'étude des mots est souvent le seul, presque toujours le meilleur, guide pour ceux qui cherchent à pénétrer les obscurités de la préhistoire. »

M. J. Lerich, étudiant la commune de Guitrancourt (Seine-et-Oise), a pris pour épigraphe *res per verba*. Les choses locales sont connues par les mots.

Ch. Renan dit : « La légende est l'histoire écrite comme elle aurait dû l'être; la légende a refait l'histoire comme elle aurait dû être écrite. »

Grégoire le Grand dit : « Il faut que l'on puisse lire sur les murailles des églises ce qu'il n'est pas donné à tous les hommes de pouvoir lire dans les livres. »

Aux remarques faites par les savants ci-dénommés, il convient d'ajouter que pour connaître les mœurs des peuples il est indispensable de connaître les saints, leurs caractéristiques, leurs légendes; ils ne furent que des sujets d'imagination créés et répandus pour servir à l'éducation religieuse des peuples. Leur nombre résulte des invasions ou des expéditions, les croisades.

A ce genre d'interprètes, il faut joindre le blason de la communauté, le blason de la dame griffonné, devenu l'armorial de la maison seigneuriale.

En sachant coordonner les renseignements fournis par ces matériaux rencontrés à chaque pas, il n'est pas impossible de reconstituer l'histoire, la vie d'autrefois.

Les rivières forment un cours d'enseignement pratique, leçon démonstrative donnée sur le sol.

La loi naturelle étant la reproduction de l'espèce; la religion d'un peuple doit concorder avec les moyens d'existence de ce peuple pour perpétuer. C'est ainsi que lorsque la Gaule était couverte de forêts, l'alimentation, le vivre étaient limités. Aussi, la loi fondamentale d'alors était la continence; ce fut un des principes du Druidisme où les sènes enchaînées devaient rester chastes. L'enchaînement se bornant à se revoir chaque année étant à deux (deusse, *Deus*, à Dieu) en communion pour la régénération, la résurrection, puis l'on se disait au revoir, adieu, à l'an prochain (1).

Après le déboisement, la terre étant à même de devenir plus productive, s'implanta le culte romain de Cérès, et de sa fille devenant Cérès à son tour, déesse de la production terrestre, puis celui de Vénus fille de la Mer, pécheresse; et arriva le culte *virgini pariturœ*, lequel dura jusqu'à l'établissement des Capétiens. Les abbés de saint Denis et les rois de la seconde race dataient leurs actes *anno ab incarnatione domini*, dogme qui servit à constituer la France seigneuriale suivant la règle de la Champagne pouilleuse peuplant, laquelle est : que le ventre anoblie.

L'Aube sortie du bois, d'Auberive est de l'eau qui s'écoule d'Aubepierre et de Ville sous la Ferté, lieux qui font partie de la Franche-Comtée séquanaise, et la règle est ici rapportée par les Aubettes pour servir à l'origine des comtes seigneurs de Meulan et Mantes, où l'on trouve la madrie et l'hôpitau comtesse, d'où sortent un seigneur, un comte. Révolution reli-

(1) L'homme étant en peine d'aboutir, étant seul, jure, appelle *Deus*, Dieu ; Celui qui invoque le Créateur fait un simulacre, en joignant les deux mains

gieuse faite dans les forêts celtiques où Esus, le vieux bûcheron de la forêt, faisait la lumière; il fut remplacé par un Noël fait Jhesus, sorti *ès-curia*, ès-curie (d'une écurie! l'abbaye de la Cour-Dieu était une fondation hospitalière).

Les archéologues sont dans le désarroi lorsqu'ils cherchent à concilier les images sculptées, peintes ou tracées, les traditions ou les légendes avec les textes des pères de l'Eglise; ils s'y retrouveront lorsqu'ils voudront bien reconnaître que la Pentecoste fait partie du dogme de l'incarnation, dévotion de nature du genre féminin où la Vierge est entourée d'apôtres évangéliques représentés par des animalités ailées disparues ayant commis des actes de la fête des morts qualifiés depuis péchés mortels ; actes de l'Enfer où règne le Diable, alors que saint Michel est l'archange de la porte du Purgatoire, religion des réprouvés. Saint Michel a été depuis fait le patron des cimetières.

Pour le dogme de la sainte Trinité, saint Jean l'évangéliste fut fait le saint Jean de la Croix, l'inséparable de la Vierge, et les apôtres qui avaient servi pour l'incarnation revinrent travestis en hommes pour servir dans la religion du fils, de l'homme; apôtres qui, ayant eu chaussures, eurent les pieds lavés, baptême nécessaire pour monter au ciel, où ils reparaissent en tête de saint Clair.

Dans ce nouveau dogme, le saint Jean de Marie, saint Jean de la porte latine, réapparut en un cousin de l'homme Dieu ou saint Jean-Baptiste.

La religion d'une aubette, d'une vierge est ici montrée par wy, le joli village, huy, huis de nature, jan, *jauna*, la porte par où se pratiquaient la régénération, la résurrection.

La réforme du XIIe siècle s'efforça de faire rentrer dans la religion, qui a l'homme pour objectif ce qui jusque-là avait été l'objet d'une dévotion chez la femme, étant de sa nature; et le rôle attribué au village, au huisage, fut reporté à la bouche du visage, par où se fait l'alimentation et la communion de la messe. De là date le *renovabit faciem terræ* transportant le domaine de l'Enfer et le pouvoir du Diable au Oingt *Deus* par Deux et alors eut lieu le baptême changeant les noms, modifiant le sens des mots, des actions, et l'attribution donnée à l'*alpha* et l'*oméga* passa à celui de *AB* de l'alphabet, abbé de communauté. De là sortit ce martyrologe déconcertant où l'on voit les saints, les vierges se promener ayant leurs têtes tranchées, alors que ce n'était que l'enlèvement d'une coiffure, d'une cape qui est l'entrée, la tête d'un pont. A Bourges, la porte de la résurrection montre que les têtes ou visages se trouvent sous l'abdomen des Diables.

La teste de Boch, lieu de santé d'Arcachon, ne saurait être tranchée.

Si les réformes se décrètent, les lois de nature sont immuables. Le culte pour la Vierge, pour la Déesse mère, pour Notre Dame, est rationnel, est impérissable; celui qui a l'homme en vue avec le spiritualisme pour base n'est qu'une jonglerie; avec ses mirages-miracles, il mène à la scène de l'*ecce homo*.

C'est à partir des prédications de Pierre l'Hermite, la croix à la main, que la France se couvrit de léproseries, maladreries, lazareths, maisons de santé, etc., lesquelles eurent leur temps de vogue.

Le rôle des maladreries cessant, furent alors fondées les boucheries réglées et appelées *macellari*, maceleries, mancelières, messeleries, maisons des maiseaux; et mezeaux est un surnom des ladres. Sur ce sujet, il faut rappeler qu'il existait à Troyes une boucherie qui avait cette singularité qu'aucune mouche n'y pénétrait (1).

Ces boucheries réglées existaient lorsque la dévotion à saint Martin devint générale en France. Les boucheries, grand'-maisons de saint Martin, disparurent avec l'institution du mariage.

(1) *Dictionnaire Universel* de Robert Hesseln.

HIEROGRAPHIE

DE

DEUX AUBETTES DESCENDUES DE CLERY-EN-VEXIN

PAROISSE DE SAINT-GERMAIN

Le pays du Vexin, des *velocasses*, est celui où un voile couvre *casa*, une petite maison, cassine, une chasse qu'il s'agit de reconnaître.

Lorsque les textes font défaut, toutes les images touchant les lieux sont à consulter et celles-ci sont échelonnées géographiquement sur le cours des rivières qui viennent déboucher en Seine à Meulan, ce lieu étant le bas d'Evêquemont.

On sait que le mont est l'apanage des déesses et particulièrement de celle qui fut gratifiée de la pomme d'or; et Evêquemont attend la visite épiscopale où l'on reçoit le saint-ouën, l'onction sainte. C'est là un point capital à retenir en raison des saints évêques ayant diocèse sur le cours de la Seine.

La connaissance du passé, en ce qui concerne l'acte des fondations de Meulan, n'a pu se faire qu'avec le concours d'ouvriers de la veille ayant apporté leurs travaux personnels; parmi eux, MM. Depoin et Gravé se sont occupés des chartes de fondations religieuses. M. L. Plancouard, infatigable chercheur, a recueilli les dit-on transmis par la tradition, ainsi que les souvenirs légendaires, les dévotions attachées aux fontaines, aux monuments celtiques.

M. Le Ronne a, par ses recherches sur la chapelle du Vaumion touchant à l'Aubette, fourni matière à une démonstration sur saint Léonard, que l'on retrouve presque partout où furent les Templiers.

M. P. Coquelle, en fixant par la photographie les monuments les plus remarquables du Vexin, clochers, portails romans symboliques qui tiennent de l'histoire religieuse, apporte un appoint précieux aux images de la Terre. Pour rendre celles-ci intelligibles, il faut connaître la signification des noms de lieu, ce que l'on apprend en déterminant le sens, le rôle de chacune des syllabes qui ont servi à construire le mot (combinaison qui enseigne). En groupant tous ces renseignements, y compris ceux fournis par le langage du blason, on parvient à dévoiler le passé.

C'est dans le tympan d'une porte que se décrie ou se déclame le rôle que cette porte est destinée à remplir, et celle qui appelle ici l'attention est la porte romane du XIIe siècle de l'église castrale SAINT-NICHOLAS de Meulan, d'un évêque dont la fonction est de se consacrer aux liaisons de jeunesse. Sur le linteau de cette porte, trois figures donnent l'image d'une union

de deux consacrée avec l'aide d'un tiers s'interposant entre deux animaux personnifiés. L'un est le lion en instance, à l'encolure ou camail en peau de mouton; sa queue en sautoir, passée sous les flancs, est ramenée au-dessus du corps où elle se montre, l'extrémité étant poilue; l'autre animalité est un corps mixte à buste de femme, les ailes en couverture, tête couronnée; elle est plantée sur deux pattes de léopard, alors que la partie inférieure du buste se contourne en queue dragonnée pour s'épanouir au ciel. Il faut remarquer le symbolisme étudié de cette scène où un officiant sert au rapprochement de deux espèces animalisées qui, ayant la science infuse d'un retour à la vie, s'offrent patte de velours pour le pacte de l'Enfer, lequel se fera par la queue qui se trouve sous le buste de la reine.

Si l'on comprend assez facilement ce que l'on a voulu reproduire par la sculpture dans un cadre restreint, il est plus difficile de saisir le sens des images du même genre tracées sur terre, à une époque bien antérieure, par la distribution des hameaux et la signification de leurs noms.

Pour comprendre un tableau, il faut le voir, aussi est-il besoin d'une carte bien faite permettant de suivre les cours d'eau (1).

Ce qu'il y a à relever dans les contrées des *velocasses*, des *durocasses*, comme dans celle des *bellovaques*, est l'emploi fréquent des mots « ville » et « cour », lesquels sont des qualifications de l'office de la femme, suivant qu'elle doit rester servante ou être Notre Dame. Ne trouve-t-on pas les deux réunis en COURVILLE, *curia villa* sur l'Eure, en arrivant au sanctuaire de Chartres?

(1) Pour le cas, les rivières de Meulan et de Magny.

« Ville » tient du peuple gaulois, païen ; sa signification est développée plus loin avec Arties-la-Ville. « Cour », se rapportant au même sujet, est un terme plus courtois aux Dames de situation élevée. Cour est *curia*, une curie de Rome où l'on s'assemble en COURCELLE, lieu à tenir cour pour les courtisans ; il s'adresse également à un hôtel hospitalier, hôtellerie et hôtel Dieu : un exemple tiré de Senantes (Eure-et Loir), *Damcour*, *Dampna curia*, *cartis Dominica.*

L'on est ici dans le Vexin, où la religion de la Vierge destinée à enfanter était en vogue, religion qui se complète par l'arrivée de ceux qui portent la croix.

Le culte des Druides était basé sur le gui, symbole de fécondité, buisson à étrenner. Ce gui attendu et un saint Sylvestre découvert sur la branche d'un chêne rouvre : la faucille d'or qui servait à détacher le gui n'était autre que l'apparition du premier croissant de lune après le solstice. Le vert du gui allié à la blancheur immaculée de la neige est ce qu'il y a de plus précieux chez la femme qui doit servir à l'incarnation. Au pied du chêne était dressé un autel druidique. C'est ce gui qui sert aux prémices d'une AUBETTE initiée au rôle de SAINT-AUBIN-LE-GUICHARD, de SAINT-AUBIN-LE-VERTUEUX (Eure) et son parcours jusqu'à la séquanaise va développer ses heures, lesquelles sont émaillées de légendes qui en font la critique.

A la descente de CLERY, la vierge nouvelle est représentée par un CHATEAU DE PLAISANCE ayant un penchant vers l'AUNAY PÉRILLEUX et le BOIS DE MORVAL écart de WY LE JOLI VILLAGE paroisse qui a NOTRE-DAME pour patronne ; et cette vierge a là un autre penchant vers l'ENFER et HASEVILLE, deux hameaux si rapprochés à ne faire qu'un.

L'eau qui vient de WY forme le lit du RU DE GUYRIE, et celui-ci, début de l'AUBETTE sort du TROU-GUYARD, à ARTIES, où près de la CROIX DE NOEL est « un souterrain qui s'ouvre à minuit » (L. P.) (1).

Le gui du chêne, fécondation d'un oiseau de passage, produit d'une génération faite sans avoir été vue, fut regardé par les Druides comme un phénomène, un cas de fécondité réservé à une vierge élue, base de la religion archangélique et chaque année une vierge nouvelle enfantera un Dieu du Ciel. La vertu du gui supplanta ainsi l'action du serpent, lequel donnait la santé des petits enfants, le vivre et reproduisait en avalant, en mordant une queue

La prédiction des Druides s'accomplit dès que le serpent, la femme pécheresse alla vers la croix ; manifestation d'une mille, vierge milanaise dont le blason appelé

NOTA. — Tous les signes (L. P.) indiquent des extraits du culte des fontaines ou des dit-on du Vexin par M. L. Plancouard, publiés dans les volumes de la Commission des antiquités de Seine-et-Oise.

« la guivre ou givre » montre *coluber* une couleuvre en pal alaisée, engoulant les pieds d'un petit enfant nu, les bras en croix, symbole mystique d'une pécheresse mangeant un crucifix par les pieds, lui servant de chaussure.

L'église métropolitaine de MILAN est dédiée à la NATIVITÉ DE LA VIERGE MARIE dite REFUGE DES PÉCHEURS.

GUIRY en possession de la FONTAINE VIRGINA a pour patron paroissial SAINT NICHOLAS, lequel est de première importance pour les AUBETS, jeunesses cherchant à s'attraper les uns les autres; aussi ce saint donne-t-il lieu à quantité de faits légendaires. « Nicolas, portant le bonnet d'évêque de Miere, voyageait avec son âne et s'arrêtait dans les cheminées là où il trouvait une botte de foin préparée pour l'âne et une niche à y passer la nuit. Le matin ils partirent, le baudet ayant pris le foin et la fille hospitalière trouvant dans la niche le cadeau de saint Nicholas. » C'est ainsi qu'il est devenu un patron d'hospital; à GUIRIE il est encore d'usage d'offrir à SAINT NICHOLAS la première grappe de raisin noir. En ce qui concerne le gui, symbole saint, il ne doit pas être jeté mais vieillir et être incinéré.

A huit cents mètres de l'église de GUYRIE l'on va boire de l'eau à LA FONTAINE DE LA ROCHETTE, dite de SAINT-ROMAIN lequel est natif de Wy (L. P.). Rokette, maisonne o, chasse. L'on sait que « chaque anné à Rouen, ans une fête de la Gargouille, le meutrier qui soulevait la chasse de saint Romain obtenait sa grâce. » Or cette chasse soulevée était pleine de promesses du fait d'un meutrier ayant répandu le sang, *et morturi* saint Romain portait le signe de la croix.

La dévotion au gui se trouve expliquée par la Roche-Guyon, paroisse mise sous le patronage de Saint-Samson, lequel San son combattait avec une mâchoire d'âne, d'anne. Ce pays possède une fontaine de Saint-Sanson, ainsi qu'une roche qui servit autrefois de chapelle.

Au Ru de Guirie vient se joindre un autre petit ru venu de la Fontaine d'Avernes, l'eau sortant des Bois Galluis (galle huis) où est la Fosse au Corbeau retraite de la Feularde, nom satyrique d'une Gauloise en feu, fille à larder, à graisser, une pécheresse, la trouie. A cette fin est resté le dit-on « sonner les cloches à la feularde » (L. P.) pour indiquer le lieu à s'y rendre pour y être oingt dont il reste la Croix de Saint-Ladre.

Pour compléter l'instruction, il faut dire que l'église de Guirie possède un christ en argent lequel a cette particularité de ne pas ressembler à celui qui, couronné d'épines, est mort sur la croix, son sang sortant d'un coup de lance reçu. A Guirie, le christ non adhérent à a croix est vivant et tous ses membres sont décharnés à force de s'être donné, et se donnant toujours ; et à cette fin son abdomen rebondi dénote une source de vie : au lieu de la ceinture traditionnelle retenue par un nœud. cette partie du corps est couverte d'un linge tombant libre, un bavolet.

Ce christ d'argent est celui d'une ladrerie, d'un lazareth. On en voyait un semblable au TOMBEAU DE SAINT LAZARE à Autun (1).

La contre-partie de ce christ vivant est dans la dévotion à SAINTE VILLEGEFORTE, femme vivante attachée à la croix ; elle est invoquée pour la « santé des enfants; des enfants qui se deviennent mal. » Cette femme a un habillement complet dont toutes les ouvertures sont fermées, étant prises dans les attaches à la croix ; il faut encore noter que les extrémités pendantes de sa ceinture sont pourvues de cadenas. La dévotion à SAINTE VILLEGEFORTE est répandue dans une partie de LA NORMANDIE et à ETAIMPUIS (Belgique) où une vierge est attachée à une croix toujours verte faite de lierre.

A VITTEFLEUR (Seine-Inférieure) la femme en croix porte un diadème en pierreries; elle a de la barbe pour indiquer qu'elle est barbiere, peut saigner. Vittefleur est une fleur (*withe blanche*) une marguerite adonnée au service de la croix. Sainte Marguerite était fêtée en l'Hôtel-Dieu de Paris.

Pour saisir le sens de ces sujets de dévotion, il faut se reporter aux époques de l'ère chrétienne avec le christ vivant ou le serpent est appendu à la croix, où un saint suaire y est de même appendu. Ces deux images étant le propre d'Eve, de la vierge femme. La croix, forme représentative d'un mystère de rédemption tire son origine des Orantes, petites vierges en chemise sans atta-

(1) Au sujet de ce christ, on lira avec fruit les études faites par MM. P. Coquelle, L. Plancouard et A. Létienne, publiées dans les volumes XIII et XXVI de la Commission des antiquités de Seine-et-Oise.

ches, tête et pieds nus, ayant les bras en croix ; *Orant* demandant la santé, la sanctification par la croix.

Villegeforte est « villège » une fille exaltée, purifiée, s'élevant par la sainte croix, rôle qui par la croix bénédictine est passé à la DIÈGE DE VILLETAIN, Villette-ain, *Villa-Tecta* (S.-et-O.).

La croix de saint Jean est antérieure à la croix du oingt. Elle est la Jeannette, la Mariette.

L'on comprendra maintenant d'où vient que le blason est chargé de croix variées jusques y compris la croix de saint Benoit dite médaille des sorciers.

L'archéologue saura ensuite que la quantité innombrable de croix aux noms énigmatiques qui couvrent la France, ont été élevées à l'intention d'un salut, d'une action souhaitée ou accomplie ; au reste plus de soixante-dix communes retiennent le nom de croix, parmi lesquelles la CROIX DE SAINT-LEUFROIX, la CROIX A OSNY, la CROIX DE MONTFERRAND, la CROIX DE VAUX, etc., comme les nombreuses SAINTES-CROIX, et Orléans ville de la pucelle a sa cathédrale dédiée à Sainte-Croix.

D'après M. L. Plancouard « il y avait au XVe siècle une petite chapelle perdue dans la forest d'Arties ». Lieu à sôner. Dans le *Bulletin de la Soc. Arch. de Pontoise*, M. L. Plancouard cite : « Mention est faite au chapitre (fiefs inconnus de la seigneurie de la ville d'Avernes), ils furent réunis à l'Hôtel-Dieu de Meulan ». Cette réunion ne prouve-t-elle pas une conformité entre la Maladrerie de la ville d'Avernes et l'Hôtel-Dieu.

Le rû d'Avernes est dit LA DOUE, terme Gaulois, sortie d'eau réglée d'un réservoir ; il est encore dit : LAPÉRANCE, prononciation ancienne de l'espérance. L'espérance chez les Vierges était dans les génies infernaux, d'où le nom d'AVERNES, *Avernus* a le sens d'infernal, participe de l'Enfer.

Le RU DE GUIRIE confondu avec le Ru d'AVERNES, prennent le nom d'AUBETTE, pour arriver à THEMERYCOURT, Tôt-Merry-Cour, nom composé qui indique qu'une première couverture se fait en une curie, l'action est indiquée par Merry (1), qui est une passe d'Enfer. Cette paroisse est un PRIEURÉ DE NOTRE-DAME, de celle qui en aube était Vierge. Themerycourt est représenté par un château qui armorie ; d'azur à 3 chevrons d'or.

L'on arrive ensuite à VIGNERY devenu VIGNY, lieu à Wygner, à Guigner où il y avait la LOGE DES LADRES, et une chapelle à SAINTE-MARIE-MAGDELEINE. Le patron de Vigny est un saint des bois, des forêts. GILDARD, frère germain de saint Médard, son attribution est pour le Wy, Gui ; et LA VIGNETTE à poser est au BORD'HAU où est la FONTAINE DES MALADES ; il y avait là une chapelle de SAINT NICHOLAS et de la SAINTE-VIERGE (2), à remarquerque ce double patronage

(1) Molesté du démon, chéri de Dieu, est l'image de l'archet de saint Merry.

(2) Notes tirées des essaies sur les maladreries du Vexin, par L. Plancouard et des archives.

s'applique à une seule et même chapelle.

La paroisse de Longuesse sur l'aubette comprend une descente d'un côté pour remonter de l'autre, démontrant qu'un côté se cache alors que l'autre se découvre. Le nom de longue S se rapporte à l'union serpentaire, s'accrochant d'un côté, alors que de l'autre il y a décrochement, aussi trouve-t-on en cette paroisse le Champ du Diable (L. P.), et ce qui s'y passe est exprimé d'une façon satyrique par le dit-on :

> Les filles de Longuesse
> Se découvrent le derrière
> Pour couvrir leur tête (L. P.).

Cette paroisse qui se réclame de saint Gildard patron de Vigny, s'étend donc sur le versant opposé où sont deux hameaux contigus, le Petit Mesnil et le Grand Mesnil de l'importante paroisse de Sagy, où un autre saint que Gildard est invoqué. Les Mesnils sont Masnils, maisonnettes de plaisance avec petit bois, et le Petit Mesnil confine à Saint-Gildard.

La paroisse de Sagy, curieuse par son imagerie terrienne, est consacrée à l'acte de la sagesse, celle-ci étant un des dons du saint Esprit représenté par le verbe, *et verbum caro factum est.* Inhérent à Sagy est Chardronville, mais qui indique une fille dont la chair est à rondir. En cette paroisse l'on invoque le patronage de SAINT SULPICE, de Bourges, où le porche central de la cathédrale fournit l'imagerie de deux scènes de la résurrection.

Sulpitius est invoqué en un *hospitium*, lequel était la LADRERIE, située en la prairie de Bourges (*avaricum* avare ladre), prairie visitée par SAINTE SOLANGE. Dans la Beauce chartraine, les femmes invoquent SAINT SULPICE par envoûtement en le suppliciant, en enfonçant des épingles aux jointures, poignets et chevilles de la statue en bois du saint.

SAGY a en montant un autre hameau avec son bois, et appelé SAILLANCOUR où à lieu une saillie en cour, Curie.

L'AUBETTE passe en la paroisse de CONDÉCOUR, Condé comme Condat, Condeau, Condom se rapporte à ce qui donne un afflux, et ce qui sort de CONDÉCOUR est le petit ru de VILLETTE d'une fillette, lequel va confluer avec l'AUBETTE. Le patron de cette paroisse est SAINT PIERRE ES LIENS, le saint Pierre de l'extraction avant celui de la fondation (1).

Au hameau de VILLETTE se rattache ROSAY, pour indiquer qu'une rose du matin, de l'aube va passer.

TESSENCOURT est la dernière paroisse où l'on voit l'AUBETTE, celle-ci en passant sous Meulan y est couverte. Es, lès, marque ce qui participe du proche et s'y rattache, tout en étant détaché.

(1) Voir plus loin saint Pierre de Mantes la ville.

Esse est un nœud à faire et celui-ci est fait tôt sous le toit avec cour, la femme, ce que signifie TESSENCOURT sous le patronage de SAINT NICHOLAS, un saint d'hôpital. La liaison se faisant en son bonnet, qui n'est qu'une niche aux lacs « ce saint eut le pouvoir de ramener à la vie, des petits enfants, mis dans le saloir d'une hôtellerie ». Arrivée à MEULAN, l'AUBETTE y a son embouchure couverte. Meulan représente une meule, mule, melle, une femme entée, *mellente*.

Il s'agit maintenant de voir la rivière qui, à côté de l'Aubette, arrive à MEULAN, y étant découverte.

WY LE JOLI VILLAGE ayant été vu du côté de GUIRY, il faut le voir allant à l'ENFER, son hameau, lequel est intimement lié à celui de HASEVILLE, celui-ci figurant une fille qui suivait les coutumes vénériennes, de Vénus, de la hase en chasse. Ce côté de l'ENFER descend à l'AINVILLE. Ain joint à ville, joint à cour dénote de la part de ces deux entités un acte intime avec le prochain ou être hum'ain, est faire charité ; ce qui se faisait avec SAINT MARTIN qui est le patron de l'AINVILLE, aussi trouve-t-on dans ses environs « traces du PAS DE SAINT MARTIN » (L. P.), ce qui se démontrait par le fer de sa monture. En ces temps-là, la charité chrétienne par le Christ, par le oingt n'avait pas encore paru.

La descente de l'AINVILLE a lieu par la GUILLAUMETTE, nom de fillette qui, dans la chevalerie druidique, figure un gui heaumé (heaume, casque avec petits trous pour voir); au-dessous d'elle sont les BONNES JOIES, ainsi qu'une chapelle de NOTRE-DAME DE BONNES-NOUVELLES.

LA GUILLAUMETTE sort de départ à LA BERNON, rivière qui sort DES FERRÉS, hameau de la paroisse de MONTALET-LE-BOIS, dont l'église est sous le vocable de la NATIVITÉ DE LA VIERGE, laquelle sera fêtée en sainte Reine. Le bois de Montalet, *mons aletis*, est le point visé, *mons* étant ce qui est dévolu à la vierge, à la déesse en vue; *aletis* indique qu'il s'agit du bois d'un mont où l'on perçoit l'aile augurale de l'archange, à l'essor entre terre et ciel, aile qui fut remplacée par une coquille qui protège l'entrée du mont.

L'AILE DE SAINT MICHEL, aile de pourpre (violet), est un ordre de chevalerie portugaise fondé en 1171.

Dans la hiérographie, la Terre avait ses lieux dédiés, le mont attribué à Vénus qui, à la pomme d'or, a son val d'assemblée. VALMONT, VAL D'ENFER, VAL D'OSNE, VAL DE MERCI, VAL SAINT-PAIR, SAINT-VALLIER, SAINT-VALENTIN, SAINT VALÉRIEN furent lieux de santé des païens, *valere* à se bien porter, et le bois touffu était le refuge d'occasion où se trouvait la fontaine propice; l'on connaît BOIS-LA-VILLE, BOIS-LA-BARBE de Vendôme, LE BOIS-D'OINOY, etc.; ils sont l'origine de ces BOISSY si nombreux en l'isle de France.

Ce bois brûlé est réverbéré en hameau de

DAMPLY, abréviation de DAMPELLY, d'une pelisse à fourrure de dame, de celle qui est en haut NOTRE-DAME de la paroisse de JAMBVILLE d'une fille enjambée, dont le moulin en bas est dit : du PETIT DAMPLY, sur la rivière LA BERNON.

Au sujet de la Bernon, M. L. Plancouard, a relaté la légende suivante : « Hermine a manqué « au génie » du pays, elle fut condamnée à être brûlée dans sa chemise de soufre (souffrance) et de Levainville devait atteindre la Bernon avec sa chemise enflammée. Elle aurait été graciée si elle avait pu atteindre la Bernon, mais ses forces la trahirent à quelques pas de la rivière. Elle mourut à l'endroit qui porte son nom : CROIX DE L'HERMINETTE, laquelle porte le millésime 1820. »

LA BERNON représente une fille qui n'est plus « ber ». Hermine eut cependant été sauvée en atteignant LA BERNON, qui arrive à CHATENVAL pour y couler avec LE RUEIL, Chat-en-Val étant un chat que l'on n'a pas fait sauter, fille non bernée.

Ber dénote ce qui est à l'état de naissance, le ver en BERCAGE. BERD'HUIS, au sortir du berceau, du bercail en l'état puber, à devenir ber-anger, vierge à épouser, est un tabernacle. Le blason de BERNAY (Eure), d'azur à 3 besans d'or et au lambel de même, est celui d'une brisure.

La croix de l'herminette rappelle d'une fille de Bretagne, Bertagne, BERTAINGNEMONT, qui a eté mouchée portant moucheture en croix noire sur fond blanc.

Le millésime 1820 est un logogriphe destiné à rappeler une mille vierge dont l'huy est sans oing; il est celui d'une vierge immaculée, le saint Bernard d'un mont blanc; règle que prêcha un tout jeune abbé qui ne porta jamais la mitre et qui en établit la démonstration en plaçant son abbaye à VILLE-SOUS-LA FERTÉ (Aube), dans une vallée obscure qu'il défricha et dénomma VALLÉE DE L'ABSINTHE, d'une plante blanchâtre à parfum qui a la vertu de ramener chez la femme ce qui a disparu, revenant toujours virege. Le saint Bernard est le ber ayant le parfum, le nard incitant à l'amour; et la dévotion de saint Bernard est celle d'une aspiration de la vierge en Clairvaux.

Un ruisselet de quelques kilomètres vient se confluer avec LA BERNON, il est appelé LE RUEIL, du nom du lieu d'où il sort, rû de l'œil à voir. Ses eaux sont venues du BOIS DE GARENNE, dit aussi bois de ROUGE-GUEULE, où se trouve la fontaine de SAINT-CLAIR dite encore du HAZAY, où sont passées les hases femelles des Garennes. « L'acte dévotieux consiste à se frotter les paupières avec du charbon; fontaine qui était le but d'un pèlerinage dit des FRÉMILLONS » (L. P.), où les mille vierges, osnees, lionees, deviennent melles, femelles (et étant melle-entée, *mellentum*, représentait une meule, mule ferree, moulan).

FREMAINVILLE est située à la sortie des BOIS

Galluis, où est l'huis d'une galle à rendre un Galleran.

« Main » est la partie du corps humain ouverte au prochain, main à saisir, par laquelle se traduisent toutes les actions. La main est le tout chez la fille à devenir man-man. Fremainville, fermainville, représente la fille dont la main est à former, à avoir le fer d'une mule, à être dampfremain.

Le patron de Fremainville est saint Clair, « lequel mourut victime de la chasteté ». Dans l'iconographie moderne, saint Clair est un personnage en tunique claire, privé de sa tête; mais à la place de celle-ci est un médaillon ouvert où est figurée la tête de saint Clair : image qui instruit.

Au sujet du Hazay, M. L. Plancouard rapporte : « Fontaine du Hazay au xvie siècle, perruquier de son métier et porte l'habit; fournissait aux croyants l'eau salutaire. Pihan, détails du Voxin. » (1).

Il y a dans ce dit, un sous-entendu ; ce perruquier couvert n'est-il pas celui qui a le don de remettre les coëffes envolées à la façon du pélerin de Saint-Jacques remettant sans cesse son chapeau orné de coquilles; une réédition du Mercure gaulois renouvelant sans cesse les

(1) Manuscrit de la bibliothèque municipale de Pontoise.

petases, bonnets à ailes de pigeon, ce que la rénovation du XVIe siècle a transformé en têtes d'anges voltigeant tirées de ceux qui en étaient possédés (saint Clair) anges substitués aux Diables verts. Au hazay s'opéra un abstrait de la vue, que la voilette, le rideau de gaze empêche de voir ce qui est passé dans l'azur au bleu d'outre-mer. L'EAU DE SAINT CLAIR, appelée plus tard EAU BRILLANTE (1) s'écoule dans un vallon, un val qui commence au bois de HUANTEVILLE, descend en CHAT EN VAL. Le bois de HUANTVILLE est celui d'un chat, fille qui maintenant voit la nuit ; il reste de son domaine en ruines, un passage de l'ancien monastère de LA GASTINE. A son sujet M. L. Plancouard relate : « La cloche perdue de la Gastine a un pouvoir mystérieux ! »,

RUEIL-AZAY, où se trouve la MAISON BLANCHE, possède une chapelle à desservir, elle fut établie par l'abbaye de SAINT-MARTIN. RUEIL est la grande agglomération de la paroisse de SERAINCOURT ; celle-ci, située plus bas, a un titre paroissial qui est figuratif, a un sens à définir. Outre sa terminaison en cour, son rôle est dans « la serre » dit main chez les oiseaux de proie, pouvant saisir, tel l'épervier, le hibou.

Le patron invoqué en SERAINCOURT est SAINT

(1) Note de M. Plancouard, Archives de la Mairie de Seraincourt.

SULPICE « faisant ses œuvres en secret, rendant la vue aux aveugles, l'ouïe aux sourds, le marcher aux boiteux, la vie aux morts aussi Dieu l'établit sur le chandelier » ; il est le saint de la ladrerie de Bourges. M. P. Coquelle a mis en relief la porte romane (1), très étroite, de l'église de Seraincourt, laquelle avait pour desservant un envoyé de DOMMARTIN de SAINT-JOSSE-AU-BOIS (2).

LA BERNON et LE RUEIL, dévalant ensemble, vont se fondre dans LA MONTSCIENT, rivière à suivre, laquelle arrive à MEULAN où elle débouche en Seine.

Reste à déterminer ARTIES-LA-VILLE avec sa maladrerie. L'eau de MONTSCIENT vient, de la FORÊT D'ARTIES, nom gaulois dénaturé d'Arcis (t et c ont parfois une même consonnance), *Arx*, *Arcis*, lieu élevé ; *Artiaca* n'est-il pas le nom d'Arcis-sur Aube. Il ressort de là, que la MONTSCIENT provenant de cette forêt se rapporte à une fille d'Aube représentée par le CHATEAU D'ARTIES, lequel est rattaché à la MALADRERIE D'ARTIES-LA-VILLE.

« La Ville », partitif de fille que l'âge transforme, est ici montrée par WY-LE-JOLI-VILLAGE, Wy étant huy huisserie de porte où se montre la queue du Diable, queue de Loup

(1) et (2) P. Coquelle. — Etudes archéologiques sur Seraincourt.

qui avec Martin l'Abbé est la queue de l'âne; huis où s'opéra la réforme de l'antique culte pratiqué à la fontaine de La Rochette, petite roche sous laquelle est l'anguille et la couleuvre milanaise. Roche, souche d'une antique noblesse qui servit ensuite à asseoir la tour d'un château.

Il est puéril de rappeler que la femme, que Notre-Dame est un changement d'état de la Vierge, mais cela est dit pour préciser que « la Ville » est le corps modifié de ce qu'était « un villier » tels VILLERS-LE-TEMPLE, VILLERS-SAINT-SÉPULCRE d'où l'on sort.

« La Ville ». nom païen donné à un lieu de santé des Romains où Esculape guérissait par le serpent. L'on arrive à cette définition par les conjonctures suivantes : LA VILLE est un écart de MIRAMBEAU (Charente-Inférieure) que regarde le miere médecin; et la SAINTE-VILLE est *Barbicellum* BARBEZIEUX appartenant à la Venus Louche; l'on sait que Villeux est couvert de poils. Ainsi exposé, l'on comprend ce que pouvaient représenter les pays dits VILLE-DIEU, VILLE-JÉSUS, VILLE-L'ÉVÊQUE, VILLE COMTALE, VILLE SAINT-OUEN, VILLE ROMAIN, VILLE CONNIN, etc. et les villotières.

Le discrédit d'abord, la nuit ensuite, s'est faite sur la sainteté des asiles, sur les léproseries, maladreries élevées dans le but d'y recouvrer et la santé et la vie. Le premier serviteur de Dieu fut Mercure conduisant les âmes dans les Enfers et ayant aussi le pouvoir de les en tirer; ses attributs *ad hoc* consistaient dans le caducée, le petase ailé, la bourse et les talonnières, le serpent étant tout. Ce messager des Dieux fit place à un Messie arrivant pour consoler les femmes et sauver l'humanité par la Croix, christianisme effectif propagé par les lépreux. Une léproserie, genre Lazareth, était un séminaire de lépreux *Lazari* y recevant une investiture.

A sa réception, le lépreux était recouvert du suaire des morts, puis le prêtre lui faisait toutes sortes d'admonitions et de prohibitions touchant son genre de vie, le séquestrant du reste des humains. La seule tolérance était de ne pouvoir manier une marchandise qu'après l'avoir achetée ; ce qui veut dire l'avoir après avoir fourni l'argent ; et ici il faut ajouter qu'il lui était permis de loger avec la femme qui est la sienne. Ceci peint un état social insoupçonné ! Par ce rachat on revivra.

Enfin, la terre jetée sur sa tête marque qu'il est enterré, mort au monde, et il se retirera dans une loge qui porte la croix, alors que lui-même devra porter la croix.

Le lépreux avec le portement de la croix du Christ. du oingt, remplacera le pélerin de Saint-Jacques représentant du christianisme des Maures, pélerin revêtu de tout l'attirail imagé qui sert à couvrir et à combattre la peste et la mort. Il faut rappeler que la bannière des lépreux porte des coquilles semblables à celles qui ornent le manteau du pèlerin de Saint-Jacques, où la coquille d'un mont protégé.

Le christianisme étant devenu surnaturel n'est plus qu'une croyance. Les léproseries ayant été abolies, les lépreux ne donnant plus la richesse, la vie, devinrent ladres ; ils furent métamorphosés en aumôniers et confesseurs.

A côté des léproseries, les maladreries de la Magdeleine étaient également des lieux de résurrection par le oint du Christ. De là vient que les ladres étaient surnommés cousins de la Magdeleine.

Les lazareth, maladreries, hospitaux de Saint-Jean, etc., avaient des adaptations différentes selon le genre humain ; c'est ainsi que les maladreries étaient sous le patronage de Saints différents, ayant chacun un pouvoir spécial.

La chapelle de la MALADRERIE D'ARTIES-LA-VILLE était dédiée à SAINT THOMAS, lequel est un sujet d'éclectisme. Il faut voir en lui un de ces saints innocents massacrés sous la règle de l'incarnation lorsque les apôtres recevaient en même temps que la Vierge les dons de pentes-côtes. La chapelle de SAINT THOMAS, *tomacella*, est une celle ouverte fracturée avec écoulement de sang (*tomè*, séparation) et ce qu'elle fut se trouve implicitement dans le dit-on :

A la sainte Luce,
Le saut d'une puce;
A la saint Thomas,
Le saut d'un chat.

Confirmation en est donnée par SAINT THOMAS LA CHAUSSÉE (Rouen), SAINT THOMAS LA GARDE (Loire), SAINT JEAN LE THOMAS (Manche). Sachant ce qu'est « la ville », on est inévitablement amené à voir que VILLIERS-EN-ARTIES est représenté par un château et aussi par un VILLENEUVE, lequel a un saint Thomas revenu qui ne reconnait du Christ que l'ouverture qui saigna.

« La principale source de revenus de la MALADRERIE D'ARTIES étaient LA VIGNETTE, ainsi que le fief d'OFFREVILLE légué par le château d'Arties » (1). Ce fief n'est autre que celui d'un villier, d'une aube offerte pour servir, devenir dame.

M. L. Plancouard rapporte que « les ladres comme revenus avaient droit, le jour de SAINT THOMAS, à un pain bénit, lequel était vendu à l'enchère à l'issue de messe ». Le même auteur fait ressortir « que les descendants des lépreux, familles saines, étaient connus sous le nom de chrétiens », ce qui est conforme à un dit-on du sud-ouest de la France : « A la saint Christian, le lépreux change de peau ».

(1) L. Plancouard, Mémoires de la Société Historique et Archéologique de Pontoise, tome XXI.

Comme tout s'enchaîne, le patron de l'église d'ARTIES-LA-VILLE ne pouvait être qu'un subséquent de SAINT THOMAS; il est SAINT AGNAN.

Au sujet de l'AINVILLE, qui est à côté, nous avons donné le sens dévolu à « ain » sous le régime de l'incarnation, lequel fut changé en « oing » et « ouën » pour le christianisme; Ain, étant charitable et sain, devint Ainan, que la réforme bénédictine appela Aignan. et SAINT-AGNAN-DES-GUÉS est situé sur la rivière de SAINT-BENOIT-SUR-LOIRE. dont l'embouchure à CHATEAUNEUF est *Genabum*. La légende des saints rapporte que saint Agnan fut le continuateur de saint Euvert, Uverte. C'est par Ain, Ainan qu'arrivent les Agnats. et l'aîné, le premier passé par la porte, a une faveur. un droit d'aînesse, ce qui arrive à un comte de Meulan et de Mantes.

Il existait à Arties le fief de FLUMESNIL, d'un mesnil, masnil, d'où sort un flux, l'écoulement, et ce fief ressortait du manoir de MAUDESTOUR et des TOURNELLES (P. L.). La tour est le domaine des dames de château et la tournelle est où se renferment les damoiselles, peronnelles à délivrer.

Nesle (tiré de l'anglais nestle) est un lieu élevé à nicher, à servir d'hôtellerie à ceux qui ont des ailes, tels Nesle le reposte, Nesle l'hospital, Nesle normandeuse, etc.

Tout ce qui est relevé au sujet de la MALADRERIE D'ARTIES-LA-VILLE, sa situation parmi les AUBETTES, décèle que c'était une maladrerie pour la jeunesse en blanc, et son premier acte de santé se fait suivant le rituel épiscopal d'EVESQUEMONT avec des évêques tels que saint Nicholas et Saint Agnan.

Les eaux de FLUMESNIL et d'ARTIES arrivent dans le bas d'AINCOUR, paroisse qui fut l'objet d'une faveur spéciale. M. L. Plancouard relate : « Saint Martin n'avait pas de paroisse, Dieu lui donna Aincourt. » Et ne voit-on pas que AINCOUR est en tout semblable à L'AINVILLE, qui a SAINT MARTIN pour patron.

Avant l'érection d'AINCOURT en paroisse, avec SAINT MARTIN pour patron, la dévotion y était concentrée dans l'ancien PRIEURÉ DE L'ESSEVILLE. L'esse joue ici près de ville un effet du genre de ain près de ville, esse sert à déterminer une fille, une chèvre accrochée, attachée à la dévotion des bois. Dans la partie basse et boisée D'AINCOURT, au lieudit L'ESSEVILLE, est la fontaine SAINT-LEU, SAINT-GILLES, « réputée pour la guérison de la peur; la pratique consistait à embrasser la partie postérieure d'une biche. » (L. P.) saint Leu ou saint Loup y étant l'évêque de frayeur, pour frayer et peupler.

Dans la descente vallonnée de L'ESSEVILLE, toujours boisée, se trouve MONSCIENT-FONTAINE, où était installé « un prieuré de bons hommes de saint Etienne de Grand'mont », de ceux qui sont surnommés « bons hommes de CLERY, bons hommes de l'Ouy », serviteurs dévotieux à

Notre Dame, celle-ci représentée par saint Etienne du Mont, d'un mont couronné en l'azur par l'action de deux palmes mises en sautoir où l'une y resta avec la couronne alors que l'autre fut défaillante, ce qui fut appelé le martyr de saint Etienne.

La rivière de MONTSCIENT, d'un mont étant scient de ce qu'il recélait, est une image d'engendrement résultant d'une croix sur terre, fécondation différant de celle opérée par un ange, par l'oiseau.

L'on va maintenant suivre le cours de LA MONTSCIENT, laquelle sort de la paroisse de DROCOURT, dro étant une contraction de *duro, douro*, ce qui s'écoule d'un réservoir, d'une digue. A DROCOURT, l'on fête SAINT DENIS, l'évêque de Paris, lequel eut la tête avec son bonnet, décollée en descendant de l'autel où il avait officié, martyr subi étant avec saint Yon son compagnon, alors que Mars était reconnu comme Dieu.

En descendant, l'on arrive à la paroisse de SAILLY, où il y a un prieuré de SAINT-SULPICE, lequel armorie de gueules à une salière d'argent. Ce langage blasonné énonce qu'il y a une salaison à opérer en SAILLY, laquelle est faite avec de l'argent. L'on a vu plus haut le rôle de SAINT SULPICE, patron de SAGY, ayant SAILLANCOUR pour hameau.

L'on est maintenant en la paroisse de BRUEIL,

laquelle est une partie détachée de celle de GUITRANCOURT où l'on fête SAINT OUEN mais son lieu de pélerinage est la chapelle de SAINT LAURENT de BRUEIL. L'iconographie représente ce diacre en surtout blanc, tête tondue, réserve d'une touffe chevelue comme celle conservée à saint Pierre ; il tient un gril pour marquer qu'il est toujours prêt à brûler, grillant de l'envie du feu de l'Enfer. (Ce diacre desservant avait pour mission de laver les pieds des chrétien), mode du baptême ancien.

Il y avait à BRUEIL un couvent de SAINT-LAURENT-LA-GARENNE, c'est-à-dire où sont les hases, les conils. Ce couvent de femmes était un prieuré de SAINT CONSERVIN, lequel blasonnait : « d'argent à une Croix de Malte alaisée de sable, accompagnée de cinq canettes de même, sur le tout un sautoir de crosses (1). Blason d'un lieu hospitalier de morts, en enfer, où les canettes noires n'ont pas d'ailes à envolées mais savent passer l'eau. Le sautoir de crosses couvrant le blason indique qu'il s'agit d'nn prieuré de femmes, en servitude d'abbés de Saint-Denjs, fournissant le vin de saint Bacch, *Dionysii* aux femmes qui conservent le uin, le Saint-Ouen.

SAINT DENIS est le patron de l'église de BRUEIL,

(1) Blason décrit dans le Bulletin de la Société Historique de Pontoise.

laquelle est précédée d'un porche. Saint Denis, de qui l'on dit après l'avoir fêté : « Adieu les belles filles », celles-ci étant brus, brûlées à BRUEIL (à opposer à RUEIL).

L'on arrive maintenant à OUENVILLE, où se trouve une ville pour le oüen de l'aumosne, fille à oindre. Une pointe d'épigramme est dans le dit-on :

T'es d'Ouënville
T'as le bras long ? (L. P.)

La dévotion du lieu est pour SAINT SEVERIN, un solitaire de l'époque de Childebert, dont l'oratoire fut dévasté par le passage d'un Normand.

L'acte dévotieux se concentre sur ce qui se passe à la porte de son église, où ce qui s'octroye est donné entre deux lions (tenant d'un écu à blasonner). L'usage chez les pèlerins de clouer le fer de saint Martin sur la porte de l'église de saint Séverin indique que c'est une porte ferrée qui laisse trace d'un passage de saint Martin.

LA MONTSCIENT se complète avec les "us de LA BERNON et du RUEIL, et cela en la paroisse de GAILLON, où est le MOULIN DU METZ, mées m'oz logis à se refaire et SAINTE MARIE y est la patronne de l'église.

A GAILLON existe une fontaice en renom :

« Son eau est pour les petits enfants en retar de marcher » (L. P.). lisez de naître. GAILLON sur la rive gauche, a GAILLONNET sur la rive droite, où est un prieuré de SAINT PIERRE.

Il existe sur leur compte un dit-on :

Gaillon, Gaillonnet,
Seraincourt, Montalet,
Il y a plus de p.....
Que de vaches à lait (L. P.)

Des deux rivières qui coulent à Meulan, l'une arrive de WY pour l'office de la chapelle de SAINT NICHOLAS du château; l'autre, au contraire, venant du CHATEAU et de la MALADRERIE D'ARTIES-LA-VILLE, représente la Vierge pourvue de la science qu'il convient pour être comtesse de Meulan et avoir un fils seigneur prenant le nom de comte. LA MONTSCIENT étant pourvue d'un prieuré desservi par les bonshommes de Saint-Estienne-de-Muret, dits de Grand-Mont, arrive en Seine à ciel ouvert. Une de ses rives étant du terroir de MEULAN, alors que l'autre est de la paroisse d'HARDRICOUR, laquelle fut un bien personnel d'une comtesse sur laquelle les historiens ne sont pas d'accord, étant Letgarde, Hildegarde et dix autres noms à desinence garde, pouvant se rattacher à Notre-Dame de Mantes, dame titrée « en possession d'HARDRICOUR en partie jusqu'aux quay et port aux meulles, près Meulan » (1). On sait que MEULAN et MANTES formaient un seul domaine. Hard-ricour bien *personnel* doit s'interpréter : sortie d'eau d'une curie qui doit avoir hardes, être couverte d'un mantel de Notre-Dame, est dans une enceinte mantelée et (hard ward en anglais) doit être gardée.

Ce qui jette dans le désarroi les faiseurs d'histoires locales, seigneuriales, est qu'ils ne trouvent pas d'où est venu le premier seigneur. Cela tient à leur instruction incomplète, ne connaissant que le Nouveau-Testament, où l'homme est Tout. Ils méconnaissent l'école de l'incarnation où les hommes tirent leurs noms des portiers qui les ont laissé passer.

L'enfant est le premier nom de ce qui l'enfanta.

Le premier seigneur de Meulan n'est ni un Guy ni un Guillaume, mais un GALLERAN, et l'on sait d'où il vient. L'origine de son comté est née d'un pèlerinage des FREMILLONS et ce Galleran est sorti de GALLUIS, de Gallion, d'une galle andée, angée, *andegavi*, épousée ayant fêté saint Aubin.

La règle des Gallerandes alias Gellezandes est figurée par l'ANDELLE et les ANDELYS. L'ANDELLE cause d'un dicton malicieux, est une rivière dont l'objectif est à sa nais-

(1) Chronique de Mantes, par A. Durand et E. Grave.

sance montré par SERQUEUX et BEAUBEC-LA-VILLE devenu BEAUBEC-LA-ROSIÈRE..

L'Armorial des ANDELYS est : Parti au 1er d'argent a 2 grappes de raisin de sable dont l'une défaillante à senestre ; au 2e d'azur à 2 tours d'argent dont l'une défaillante à dextre et la devise : *Facit utraque unam*. Ce qui exprime que les deux sujets que chacun d'eux représente, en arrivant l'un sur l'autre ne feront qu'un. (Dans le blason, dextre est vu à gauche).

C'est à un GALLERAN, dont l'arrivée vint d'une Aubaine, qu'est due la fondation de l'église de SAINT-NICAISE, prieuré qui armorie : de sable à un lion d'argent, la queue passée en sautoir (1.) Saint Nicaise est « un chevalier sans barbe de la milice de Saint-Jean de Jérusalem représenté en veste rouge avec une croix blanche sur l'estomac; saint Nicaise fut décapité en compagnie de Pience vierge, étant en route pour Rouen avec saint Escobille ». Nicaise est un saint dont l'arrivée est attendue et préparée; elle se manifeste par le quatrain suivant en deux stances :

Rats et rates souviens-toi
Que c'est aujourd'hui la Saint-Nicaise,
Tu partiras de chez moi
Sans attendre ton aise.

Celle-ci veut dire qu'il ne peut loger qu'une nuit. Sainte Lucie et saint Nicaise se fêtent de la veille au lendemain, sainte Luce étant le saut d'une puce, pucelle.

(1) Mémoires de la Société Historique de Pontoise.

Saint Escobille, *es cubiculo*, scubilion normand, représente une sortie de la chambre à coucher en route, chambre où saint Nicaise avec Pience furent décapités. A LA ROCHE-GUYON, où est la fontaine de SAINT-NICAISE, se célébraient les saints mystères (1).

Le lion d'argent du prieuré de saint Nicaise indique qu'il s'agit là d'un lion de rachat, lion de croisade. Ce prieuré fut édifié au FORT DE MEULAN, dans l'ISLE SAINT-COSME, de celui qui en Damien fut l'objet d'une fondation d'hospital *comitissæ*, d'une comtesse donnant un comte.

Dans le linteau de la porte romane de SAINT-NICHOLAS, les deux animalités s'approchent pour le serrement de (mains) gage d'enchaînement de la Vierge à un lion amoureux. La Vierge porte la couronne qui tombera, elle est couverte de ses ailes qui disparaîtront avec la queue du dragon qui fait corps avec elle. L'on voit là un lion de Ferrière, de Montferrant, qui, d'après la légende, étant placé devant un bœuf qui est une des images de notre Dame, eut la tête abattue par Pépin.

Alors commença l'ère de délivrance et permit l'arrivée des *missi-dominici* de Charlemagne.

Le lion des chevaliers chesniers disparu se revoit en controverse sous le nom de saint Léo-

(1) Géographie Universelle de Malte Brun.

nard, en en faisant un patron de chapelle, de maison hospitalière.

Magny, d'où sort une autre Aubette, a un blason où l'on retrouve les sujets vus sur le

linteau de la porte Saint-Nicholas. Mais dans un état différent, ce blason est : d'or à la bande d'azur chargée de 3 étoiles d'argent, accompagnée en chef à senestre d'une tête de maure tortillée d'argent, et en pointe à dextre d'une tête de lion au naturel lampassée et arrachée de gueule. Ce blason est timbré d'un casque portant une couronne de comte. Cimier : un maure issant de la couronne entre deux vols de sable, tortillé et habillé d'argent, armé d'un badelaire d'argent à poignée d'or (1).

La bande d'azur cache l'abîme de l'écu, les étoiles d'argent sur l'azur pâlissent, dénotent l'aube d'une nuit passée où l'on en est venu aux mains pour combattre le lion. Celui-ci se retrouve exsangue en tête de Turc, alors que la femme, en maurienne, en moresque, a pour seule parure le tortil d'un BARON D'AIGUEBELLE. Le dénouement de l'action mystérieuse se dévoile d'une façon ingénieuse par le cimier. Dans la couronne comtale d'entre deux ailes de sable (noires) sort un more blanchi ayant en main la poignée d'or d'un badelaire d'argent. Pour ce faire, la lessive, l'aiguebelle du baron, du lion, a été perdue et le badelaire est semblable au couteau de Jeannot, à lame d'argent et à manche doré, ici la poignée d'or.

Ce blason fut surchargé d'un autre mis en chef : de gueules à la croix d'argent, qui est celui de la milice de Saint-Jean de Jérusalem,

(1) Manuel du Blason, par Pautet de Parois.

croix portée par saint Nicaise qui, comme le lion, fut décapité.

Avec l'arrivée des Francs Germains, le rôle rempli par « ville », par « cour ». passa en « la main » prenante dont le sens mystique est dans le martyre de « saint Germanique qui, à la fleur de l'âge provoqua hardiment la beste qui lui était destinée, et par ses dents fut tellement moulu qu'il mérita d'être incorporé au vrai pain qui est Jhesus-Christ. »

MAGNY tire son nom de *mané*, lieu à ne passer qu'une nuit, à ne faire qu'une couchée, telle en MANEGLISE, MANCELLIÈRE, MANICOURT ET MANNEVILLE-LA-PIPARD tend à attirer De même que pour ainan, agnan, on a introduit le *g* mouillé; l'on connait SAINT-MAGNE, SAINT-MAGNIER. SAINT-MAGNAN; et les clercs escholiers fêtent saint Charlemagne pour se décrasser, alors que faire Charlemagne est un acte de ladrerie où l'on ne veut pas donner de revanche. là où le magnetise attire à l'égal de Satan. Il ressort de là que fêter saint Nicolas, saint Nicaise. saint Charlemagne, ne se fait qu'en passant une seule nuit. Le tombeau de Charlemagne est en Aix-la-Chapelle *aquæ grani* chapelle où il y a des eaux á graines.

Charlemagne et ses femmes comprend l'époque des aventures romanesques.

Ce figurant en manteau portant l'épée du dieu Mars, l'épée de saint Paul et tenant le globe cerclé ferré croisé, dérobé à saint Christophe, incarne le Christ roi sur terre, et la monnaie Karolingienne est plutôt une médaille religieuse employée pour propager parmi le peuple la religion chrétienne. Sur l'une de ses faces se voit le temple alors qu'à l'envers est l'◇ quarré de quarantaine à l'hospital où l'on est coiffé du bonnet carré, bonnet de cardinal.

Ce que redoutait Charlemagne mourant, était l'arrivée des Normands, pour Saint-L'O, Saint-Mal'O.

L'◇ quarré losangé est resté la forme de l'écu réservée aux abbesses, aux filles ou femmes à épouser.

Si MEULAN eut un comte, cela tient à ce qu'une vierge Mille fut dévote à SAINT CLAIR.

L'on va voir une comtée établie sur le ru d'une fille noire non éclairée, d'une pécheresse arrivant à l'EPTE, la bouche ouverte étant Lu, loup des bois mais pouvant se racheter d'une frayeur, ru d'une Magdeleine de Lazareth qui y recevant les eaux de ceux qui voient clair en haut, devient l'AUBETTE de Magny et NOTRE-DAME DE MAGNITOT.

Le BELLAY, sur la même chaîne de monts que CLÉRY, a son église dédiée à MARIE MAGDELEINE. Deux vocables associés chez la femme qui a son libre arbitre pour les dissocier en Marie, en Magdeleine. L'agglomération paroissiale est située sur la crête du mont qui regarde MARINES et la vallée de LA VIOSNE; alors que tout le terrain paroissial est un désert qui a son penchant vers NUCOURT au bas de BELLAY, cuvette à recueillir les eaux, laquelle représente la curie d'une dame romaine, une Magdeleine. Le patron paroissial de NUCOUR est SAINT QUENTIN « lequel servit en un *Sanatorium*; il eut le corps séparé, les deux parties jetées dans la rivière de Somme l'une d'un côté, l'autre d'un autre (image du même genre que ce qui figure le blason de Magny. L'on sait que saint Quentin n'est représenté que par un buste), mais la piété filiale d'Eusebie fit que les deux parties vinrent se rejoindre dans l'eau. Par la suite des temps son corps fut retrouvé par saint Clair (1). C'est donc que saint Clair s'est reconnu avec saint Quentin, lequel vint en France avec saint Lucien, *Lux Lucis*. Dans les églises consacrées à saint Quentin, ce saint y est fêté par saints Come et Damien, médecins ; cela démontre bien que Quentin est un saint de *Sanatorium*, d'hospital, de maladrerie (2); attaché au pays de NUCOUR est le hameau de l'ÉGLISE, lieu d'assemblée pour y communier.

Attenant à la paroisse de NUCOUR, mais sur le coteau montant est ADAMCOUR LE HAUT CLOCHER, curie d'une dame à couvrir sous le clocher, où en haut sont les Célestins Marcous de Marmoutier, ce clocher est celui de l'église de SAINT-MARTIN s'y dépouillant d'une moitié pour cou-

(1) Voir ce qu'est saint Clair sur les rivières de Meulan.

(2) La veille de la Toussaint (saint Quentin), on fêtait le bonhomme blanc monté sur un bâton au bout duquel était une pyramide de chandelles allumées.. — (Lespinois, Histoire de Chartres).

vrir l'autre qui est à nue, et son épée est ce qui sert à cet acte charitable.

ADAMCOUR LE HAUT CLOCHER a plus haut son hameau de LÈVEMONT autrefois cure de SAINT-GERMER (1), ce mont qui s'élève promet une résurrection. (Lèves lez Chartres, fête saint Lazare).

Les eaux qui sortent de NUCOUR viennent d'ARDEVILLE son hameau, d'une fille qui arde, brûle pour les Enfers, est à damner. Ce sont elles qui vont former le lit de la rivière de LU, laquelle commence par être RU DE VELANNE LA VILLE, d'une fille ayant velin, une peau d'anne, peau de loup, laideur de peau à faire partir pour devenir aubette. Ce ru est celui du LU des bois ouvert à son embouchure, il représente *Lupa* une louve de Rome, amenée à être hospital de Saint-Louis où l'on voit clair. Religion réformée, ce Ru commence par passer devant l'ouverture boisée de VELANNE-LE-BOIS, où s'y fait un premier acte de santé en allant à la chapelle de SAINT-LEU, LU et SAINT-GILLES; l'on y est guéri de la peur par une frayeur d'enfant.

Dans le régime forestier, le bois est un boccage attribué à la nymphe représentée par Ville, par cour, un BOISSET DE NOTRE-DAME, lieu hospitalier à s'y joindre tel un boissy comme en BOIS-LA-VILLE, BOISVILLE-LA-SAINT-PÈRE et les suivants BOIS D'OINGT, BOIS DES DAMES, BOIS-

(1) Note fournie par M. L. Plancouard.

L'Evêque, Bois Guillaume, etc., etc. L'on sait que Bois roux est surnommé Ville Maréchal, d'une fille ferrant, sachant couvrir le pied. Bois où est suivi la coutume du Gâtinais.

Cléry est un sommet à faire la clarté sur les Bourguignons, la religion des Francs de Germanie. Le patron fêté à Cléry est saint Germain d'Auxerre *altisiodurum* d'une hauteur, Montagne Sainte-Geneviève d'où vient la fontaine (1).

Saint Germain, auquel 140 communes de France doivent leur nom, est donc un saint à dévisager, étant inséparable de Geneviève, *Genetricis* de la Vierge qui conçut et enfanta par l'action du serpent, patronne des Parisiens changée en Notre-Dame-de-Paris.

Toute la dévotion de sainte Geneviève se portait sur le saint Germain des Burgundes, Bourguignon. C'est en La Loge que se fête saint-Germain-en-Laye, vu à découvert. Saint Germain le confesseur de sainte Geneviève est tout entier dans le sanctuaire de Germigny-des-Prés, de Germigny-l'Evêque, d'où sortent les enfants de parenté germaine, et le premier « saint Germain est fils puîné d'Eleuthère dont le nom signifie libérateur. il fut dès sa naissance vu de mauvais œil par ses mère et grand-mère qui redoutaient de le voir arriver (2) ».

Saint Germain diacre à quinze ans est Di-acer, jeune desservant fait évêque, fait abbé. L'on sait « que saint Germain entra le soir dans une église et qu'il n'en sortit qu'au point du jour ». Dans la cathédrale d'Auxerre, qui est sous le vocable de saint Etienne (la couronne), se trouve le tombeau de Sainct Vigile, lequel fut fêté à

(1) A Auxerre (Yonne).
(2) La Vie des Saints.

matines, avant l'aube. Les légendes rapportent « que saint Germain et saint Loup étant sosie, déterminèrent la vocation de sainte Geneviève qui d'ordinaire allait à Matines ».

M. L. Plancanard a constaté dans le terrier et cartulaire de saint Nicaise de Meulan, que CLERY s'y trouve cité dans des actes de 981 et 992. C'est donc un lieu qui appelait l'attention. Il a pour hameau LE TILLAY où est le PUITS DE SAINTE GENEVIÈVE. « Son eau servit à la Sainte pour frotter les yeux de Geronce dont elle était fille et qui était devenue aveugle ». Ici nous suivons un côté différent de CLERY, c'est BANTHELU, en un fond qui ne voit pas, aussi y a-t-il en ce pays un dit-on légendaire : « Qu'en allant à l'étang de PLESSIS LE VENEUR, on fait une invocation « pour le tonnerre » (L. P.), c'est à dire pour être éclairée (1).

BANTHELU, th = c est une graphie de Bancelu; bance est une bancelle, bannette propre à recevoir le pain; apte à se prêter à une forme de circonstance; bance à porter, ce qui est fait d'une manne et de MAGNY situé au bas de BANTHELU.

(1) En maints endroits on allait servir « pour le tonnerre » cette façon de s'exprimer paraissant un contre bon sens. Dans ses recherches sur le culte des fontaines M. L. Plancouard a cru devoir le traduire : pour que le tonnerre ne tombe pas sur la famille. — A. D.

Il existe à Clery « la Fontaine des Morieaux dont l'eau ne tarit jamais; mais l'ancien village de ce nom a disparu. Les maisons édifiées près de cette source, possédaient par privilèges des statuettes de saints dans leurs pignons. » (L. P.) Il y a dans l'occupation de ces maisons par des saints, quelque chose de mystérieux.

Ce village dont le nom se confond avec celui de la fontaine porte à dire qu'il s'agit d'une fiction; et sa disparition résulte d'un conte des Mille et une nuits passées où l'on a goûté à la fontaine des Moricaux l,eau des Mores, de ceux qui sont morts pour la Résurrection. Chevaliers de saint Lazare se parant du morion, coiffure légère. More fait saint Maure. un patron de la grotte de Chartres siège carnute qui a sa porte Morard. sa porte Saint-Maurice. Il s'agit là d'une vierge qui avant de devenir Notre-Dame, subit la loi du Turc à More où more bleu une tète a été séparée comme le fut celle de saint Jean-Baptiste dans une décollation.

Le ru d'Arthieul vient se perdre dans le ru de Velanne la Ville et cela devant Blamecour; arthieul mot composé envisageant l'œil d'Arthies l'*oculus* d'une aube; quant à Blamecour il est l'ancienne prononciation de blesmecour exprimant une curie blanchie de la femme; et ne faut-il pas rappeler qu'au calendrier du xive siècle, le lendemain de la purification, saint Blaise est dit saint Blasme (1).

(1) Voir au Musée de Cluny.

Il y avait là, du côté de Magny une petite chapelle dédiée à SAINT JACQUES, le patron des mores et des maures sarrazins, chevaliers de saint Lazare. Le retour d'un pèlerinage à saint Jacques se manifestait par le port de coquilles marines identiques à celles mises sur la bannière des lépreux.

A la sortie de BLAMECOUR sont LES BOVES sur une hauteur (*boves* bœufs à l'œil ouvert).

M. L. Plancouard qui s'est fait l'éditeur des souvenirs légendaires ou historiques se rattachant aux environs de Clery; rapporte au sujet de BANTHELU, le dit-on suivant : « Faire la volte de Banthelu », c'est à dire faire un demi tour, éclairant ainsi la volteface; et encore le proverbe très connu :

> Les chiens de Banthelu.....
> Aboient du c.....
> Et mordent de la gueule

deux actions qui ne se font que d'un seul côté, sont le propre de Satan, de la sallemande, de la gargouille, du dragon. Le patron paroissial de BANTHELU est un saint de Germanie, SAINT GEREON « connu pour avoir été décollé avec trois cent dix-huit soldats à Colongne ». Qu'avait fait saint Gereon? Ger = yer *hiera*, sacré, saint; terme qui s'adresse à un corps expansif par contact, celui de la vierge, ayant en collateral « on » mpersonnel, de passage pouvant oncir, gonner, acte d'un val d'osne, osnay, honeste, l'osne étant le premier frottement qui savône, pardône, d'où il y eut decollation de soldat du Christ d'avec les vierges de Colongne, ville où se trouve la chasse de toutes les vierges compagnes de sainte Avoye, de sainte Ursule.

Le bourg de MAGNY avec son GROS MESNIL, Masnil se trouve à l'ouverture de la partie vallonnée (valosne) de BANTHELU comme aussi de CHARMONT mont charnel ; il y eut là autrefois une action de saint Gereon faite en sa Maladrerie ; un lieu dit a conservé le nom de « clos et CROIX DE SAINT LADRE, il y avait une chapelle consacrée à SAINT ANTOINE » (L. P.), lequel est un saint de Cosme en Egypte, dont l'hermitage est hospitalier. A son sujet est resté le dit on : que le feu de saint Antoine t'ardes ». L'on est toujours ici sur le ru dont le début est ARDEVILLE. Saint Antoine portait au bras une croix en tau, croix marteau, emmanchée.

Mais ce ru va en recevoir un autre, lequel vient de l'ETRE, il est appelé ru de SAINT GERVAIS ; saint à disséquer comme il en a été fait pour saint Gereon. L'attribution de Ger reste la même quand à « vais » il n'est qu'une forme de prononciation française ois = ais ; est ici saint Gervais lequel « avant de subir le martyr avec Protais (Protée) distribuèrent aux pauvres l'argent qu'ils avaient reçu de leurs parents ». Ces deux saints font partie d'un prieuré de Saint-Ouen.

Saint Gervais fut autrefois le patron d'un hospice des prés avoisinant la Seine à Paris. Dans l'église de ce nom, l'on y voit descendre du ciel un ange disant : « voici l'agneau de Dieu qui efface le péché du monde », image céleste qui se trouve figurée en image terrestre à SAINT GERVAIS où inhérent au pays sont les deux lieux dits : GUÉ PLANT et LE PETIT SAINT GERVAIS. L'on sait qu'un plant est un scion tiré d'un arbre, qui est à reproduire, il est ici planté en un gué, du petit Saint Gervais. « Saint Gervais et Protais, enterrés, s'étant révélés à saint Ambroise, furent retrouvés frais et en robe blanche pour servir à la résurrection », s'est accrédité alors le dit on « que le crucifix de saint Gervais est désargenté ».

Par la résurrection de ces saints, Magny subit au XVIe siècle une transformation, elle devint MAGNY LA VILLE, étant entourée de murs, œuvre d'un seigneur de NEUFVILLE et son église autrefois prieuré SAINTE-ANNE « celle-ci fut vingt ans en ménage sans avoir d'enfant, lorsqu'un ange s'apparut à Joachim lui annonçant que sa femme enfanterait une fille » devint une église de NOTRE-DAME ; et en la paroisse de SAINT-GERVAIS, à côté du hameau de DUCOURT, est MAGNITOT où il y a une « chapelle dédiée au Dieu Tout Puissant, à Notre Dame et à sa couronne » (1). La raison de la dédicace de cette chapelle vient de ce que MAGNITOT n'est en quelque sorte qu'une conséquence du hameau de DUCOUR, lequel indique une curie où il y a un dû, une redevance à l'égard du seigneur ; et celui-ci est connu par « il y avait à Saint-Gervais une confrérie de clers seigneurs de Ducourt » (2). C'est ici qu'il faut chercher la raison pourquoi le RU DU LU prit à MAGNY le nom d'AUBETTE. Trois foires se tiennent à Magny ; à LA CHANDELEUR, au PREMIER MAI et à la SAINT-MICHEL, foire à commercer, faire échange et chacune d'elle comprend une fête de vierge, foires où il y a toujours volés et voleurs ; elles ont laissé le dit-on :

A la foire de Magny
Adieu toutes les guenilles L. P.

Magny de Neufville reçut de François Ier des armoiries nouvelles destinées à supplanter les anciennes, mais elles ne servent qu'à en compléter le sens par l'esprit nouveau. Elles sont : parti au premier d'azur à trois fleurs de lis d'or ; au deuxième d'azur au chevron accompagné de trois croix ancrées et sur le tout un écu d'or à une salamandre de gueules (3) ; signifiant que le point visé en cet armorial est

(1) et (2) Archives départementales.
(3) Voir Soc. hist. du Vexin, tome I.

l'écu d'or lequel recèle un animal enflammé, pouvant être assouvi de deux façons : 1° par le roi ayant pouvoir de l'oindre, le lis; 2° par le chevalier possédant la croix qui rapproche deux parties. Ce reptile en feu appelé salle mande (2) n'est qu'une salle à manducation.

La sallemande couronnée n'est autre qu'un château Blaisois assis sur la vieille collégiale de Saint-Nicholas également dénommée de Saint-l'Omer.

La sallemande, vivant au milieu des flammes est une création symbolique visant l'état d'une damoiselle à couronner reine. Cet animal à fine bouche, finition d'un long col qui se contourne vers sa queue, tête de couleuvre, est à distinguer de celle du Dragon à grande gueule enflammée, la gargoule à combattre, à noyer.

Visitons les centres paroissiaux assis sur la rive gauche de l'Aubette avec leur extension sur l'autre rive.

A la sortie de Magny et comme s'y rattachant est Odent ; ce nom sert à définir une tête de sallemande servant à moudre étant un O à dents. L'Aubette reçoit en cette paroisse le ru de Genainville, celui d'une fille pouvant donner naissance à un premier né « il y avait à Genainville une ladrerie qui n'était qu'une maisonnette dont l'emplacement est indiqué par la

(2) Ainsi orthographiée, Dom Morin, le Gatinais.

Ces deux enfants s'éclairent dans un tonnerre céleste, action de *Deus* Dieu de Deux.

Fac-simile imparfait d'une vieille image qui se trouve dans les cartons du musée d'Etampes. Elle représente une vision de Saint Maure ; en extase devant deux enfants d'aube dans l'eau des nuages. Vision spirituelle de ce qui se passait à OMERVILLE, à la FONTAINE DE SAINTE-CLOTILDE et aux fontaines de CHAUSSY ou encore à la MARE DES LADRES.

croix aux ladres » (L. P.) sur l'autre rive en face d'ODENT est le bas d'ARCHEMONT, celui-ci étant attribué à NOTRE-DAME-DE-LIESSE (L. P.) Il y avait à ODENT une chapelle consacrée à SAINTE MARGUERITE, vierge qui ayant foi en la croix « fut brûlée aux seins avec des flambeaux ardents ». A l'égal de la Magdeleine, elle était fêtée en l'Hôtel-Dieu de Paris. En suivant, l'on arrive en la paroisse d'OMERVILLE, laquelle commence près du ru par le PONT D'ENNECOURT, terme intransitif indiquant un pont qu'on passe et repasse sans traverser « en-ne » alors qu'O-MERVILLE transitif indique l'O d'une fille passée ; l'O passé d'une fille. Cette paroisse s'étend sur l'autre rive jusqu'à GERVILLE son hameau lequel est une partie sectionnée de celui de MAGNITOT.

Il faut revenir sur le rôle de « ger » qui ici lié à « ville » indique qu'il est le propre d'une fille que l'on retrouve en « saint Gery habitant avec sa mère près d'un puits dans lequel il pêchait le poisson qui servait à les alimenter » c'est là une parabole. Ger se retrouve en GERONCE (ger oncir, onction) mère de sainte Geneviève, en SAINT GEREON, SAINT GERMER et par gercure en GERTRUDE (vivant avec rats et rates).

On a SAINT GÉRARD-LE-PUY, et c'est dans le PUITS GERMAIN D'ITEVILLE (S.-et-O.) bien des chanoines de Notre-Dame de Paris que germe la parenté.

Sur le chemin d'OMERVILLE à GERVILLE, est la LA LOUVIÈRE, station d'une commanderie du temple. Loup étant un trou par où est passé le loup avec sa queue. LA LOUVIÈRE *Lupariæ* est un lieu propre à enfanter, *vieo, viere* en faisant un nœud d'osier, passager, de printemps.

S'il est important de bien saisir l'attribution donnée à « ger », il ne l'est pas moins de connaître celle de « mer » lequel est un archet de saint Merry, porte de joie à franchir pour entrer dans le royaume de Pluton et y devenir Notre-Dame de la Merci s'étant racheté. L'on a vu plus haut que LÈVEMONT est un ancien prieuré de SAINT GERMER.

SAINT-MERRY est le patron de PORTES (*s* et *o*) comme il l'est de LINAS (*s* et *o*) dont la paroisse commence à la PORTE BAUDERIE.

La porte, l'archet de saint Merry s'est transformé en portail, porte d'alliance, portail roman, distincte de la porte ogive de Notre-Dame redevenue vierge, l'O n'étant qu'un passage restreint prisé des chevaliers maures milice sarrazine de la mosquée d'Omar alias Omer, dont le Dome est dit : de la Roche percée.

L'O est ici le sujet sur lequel se concentre la vue. L'O de SAINT MALO est un SAINT SERVAN, alors que SAINT L'O est défini par le langage mystique de son blason, lequel est : de gueule à une licorne d'argent passant. Licorne, animal symbolique qui ne se plait que parmi les Vierges (1).

« Il y a à OMERVILLE un feu d'or et grand pèlerinage à la fontaine de SAINTE-CLOTILDE, en laquelle on se plongeait ; on y jetait des liards, l'eau devait faire un mouvement. Sainte Clotilde devait se montrer dans l'eau ; au besoin on la forçait en lui mettant un bouquet » (L.P.).

(1) Les Lexiques de Bas-Bretons donnent *lor* et *malor* comme synonymes de lépreux.

Ce bouquet mis n'est-il pas une incitation au baptême où l'on brûle selon la formule de saint Remy, pour devenir reine à son tour. N'est-ce pas en vue de conserver une ancienne tradition que ce qu'il y a de remarquable en l'église de Magny est la cuve baptismale (1).

AUX ANDELYS, il y avait une FONTAINE DE SAINTE CLOTILDE dont le fond était pavé en mosaïque. L'eau y avait la qualité du vin (2). Ces fontaines n'étaient que des fontaines baptismales, piscines où les malades étaient guéris après que l'ange y était descendu en troublant l'eau.

A quelques kilomètres en deçà de l'embouchure du Lu (l'Aubette) sur la rive droite se trouve AMBLEVILLE pourvue d'un siège hospitalier. Le nom d'AMBLEVILLE s'adresse à une fille connaissant l'allure cavalière l'amble, et sa chapelle est dans LE VAUMION. Mi est une particule qui indique que quelque chose y est fait de moitié, de compte à demi en ce val, en un vau avec « on » un passant représenté par un lion ; et AMBLEVILLE fut doté d'un blason explicatif ; il est : fascé de huit pièces d'argent et de gueules au lion morné de sable. Lion noir, morné chez qui est rentré tout ce qui constitue

(1) Malte Brun, Géographie universelle.

(2) C'est chose curieuse de trouver deux reines mérovingiennes présidant à des fontaines : sainte Radegonde à Caillouville et sainte Clotilde aux Andelys.

L'abbé Cochet, arrondissement d'Yvetot, 1er vol. p. 52.

les marques du lion rampant, ardent ; est le lion courtois semblable à celui vu sur le linteau de Saint-Nicholas-de-Meulan.

D'après M. Le Ronne, la CHAPELLE DU VAUMION était autrefois dédiée à SAINT THOMAS (1). Le patronage passa à SAINT LEONARD « disciple de saint Remy. Clovis ayant tenu sur les fonts le futur saint. Saint Leonard faisait sortir ceux qui sont en prison ; alors que d'autres lui apportaient leur chaîne, leurs fers, le suppliant de s'en servir. »

Leonard eut pour frère saint Liphar (oinville saint Liphar Chartrain).

La paroisse d'AMBLÉVILLE reconnaît pour saints patrons DONATIEN et ROGATIEN « jeunes nobles qui ayant abandonné le paganisme pour le christianisme furent décapités ». La Vie des Saints rapporte en outre que « pendant le siège de Nantes, sur les minuit apparurent des personnes vêtues de blanc avec cierges allumés... Les deux Saints sortirent alors de l'église Saint-Similin, allèrent à leur rencontre, se joignirent, se saluèrent, se mirent en Oraison puis se séparèrent. » Ce patronage « d'enfants nantais » n'est-il pas intentionnel pour marquer ici une salutation d'enfants d'aube à matines. Ombres qui ont pris corps dans le dit-on :

(1) Vol. de la Comm. des Antiq. : de s et o, ann. 1900.

Moines et moinillons
Les Avoyons du Vaumion (L. P.)

Ces avoyons ne sont autres que clers, moines célestins visitant une Vierge « sainte Avoye reprise par un capitaine fut enfermée en une tour, ou en corbeline, elle recevait par la fenestre le pain des anges » (1) le pin.

Tout ce qui vient d'être rappelé touchant le cours des AUBETTES est en partie disparu quant au côté matériel ; mais on trouve là par images des témoins irrécusables de mœurs usitées autrefois.

La fontaine baptismale, le temple, le lazareth, étaient lieux consacrés pour devenir chrétiens par la croix du oingt, du Christ, dévotions qui sombrèrent au début du XIVe siècle sous Philippe-le-Long, entraînant dans sa disparation l'ordre des Templiers, et à sa suite la destruction des léproseries, maladreries. Cette évolution religieuse avait eu un précédent avec Charles Martel faisant la guerre aux Maures, aux chevaliers sarrazins.

Si les mœurs religieuses d'antan se modifièrent, il est quelque chose qui ne peut disparaître, c'est ce que représente WY dit JOLI VILLLAGE, c'est la VILLE D'ARTIES, la fille d'aube à devenir Dame ; sa maladrerie reparaît dans l'hospital

(1) Tiré de l'arrondissement d'Yvetot, par l'abbé Cochet.

de saint l'huy l'huis louys *ludo vicus* comme aussi dans un Hôtel-Dieu, dans l'aumosne des frères et sœurs adjointe au portail des collégiales.

A côté de la VILLE D'ARTHIES, la fille d'aube, sujet principal, n'a pas disparu ; on la retrouve à la sortie de la forêt d'Arthies en VILLARCEAUX, *Villarcella villa-arx, arcis-cella* fille ayant une celle de hauteur, de sommité, d'une tour et *Villa-Arcella* fille ayant cassette.

VILLARCÉAUX commence par LA COMTÉE, *comitio* lieu à offrir un sacrifice. *comitissia* lieu où l'on s'assemble, hospital comtesse, lieu de santé de Beaume-les-Dames en Franche-Comté ; uue charité visitée par « Comes et Damien, médecins, saints protégés par les anges ». Voici une raison probante : Les DE MAUDETOUR chatelains d'Arthies, firent une donation à la chapelle d'Arthies ; et près du château de Maudetour, la partie attenante au terroir d'Arties porte le nom LA COMTESSE.

M. L. Plancouard, dans son étude sur les maladreries du Vexin dit : « nous ne sommes pas éloignés de croire que l'on a construit au centre de la forêt d'Arties au S.-E. de l'ancien village qui longeait le CHEMIN DES MURS une hutte où l'on séquestrait les lépreux vers le VIIe siècle. » Cet écrivain approche de la vérité. Les murs sont lieux en clôture où l'on était soumis à certains devoirs de vicomtée pour bonne vie. L'on trouve en divers lieux le fief des murs, le fief des meurs neufs, le château des murs près Maisse (S.-et-O.), murs d'où l'on faisait sortir l'huile, l'argent des ladreries, et l'on constate qu'en face de Meulan sont LES MUREAUX, où existait une maladrerie COMTESSE, fondée par Agnès de Montfort, épouse de Galleran II, et une chapelle VICOMTESSE.

De VILLARCEAUX sort un ru qui a pris le nom de CHAUSSY, paroisse où il passe et où il y avait une maison de lépreux connue encore en 1557 (L. P.). CHAUSSY est sous le patronage de SAINTS CRÉPIN et CRÉPIMIEN, également patrons de ceux quifont une chaussure.

A CHAUSSY est « la FONTAINE DES DOURS, très visitée par les Démoniaques, où sont baptisés ceux qui ne s'entendent pas à faire une chose à laquelle ils s'adonnent » (L. P.). Chaussy est pourvu d'un prieuré de SAINT-JEAN-BAPTISTE DU PETIT-TIRON (1) pour un sacrement Giovanni. Le latin explique *tiro, onis*, recrue, novice.

Il y a encore à CHAUSSY, dans le marais, la FONTAINE DE SAINT-ANSBERT, lequel est fêté en octobre (P. L.), mois où l'on fête également saint Crépin. Ansbert est le saint d'un prieuré de Senols-en-Beauvoisis qui fut aussi donné à l'abbaye du Bec-Hellouin, mot à deviser.

(1) Etat des paroisses du Diocèse de Versailles.

Le ru de Chaussy arrive à l'Epte, où il a une ouverture et cela en la paroisse de Bray-Lu.

Bray-Lu, intimement liée à l'embouchure de Lû, de l'Aubette, indique une braie ouverte où l'on a vue; c'est ainsi qu'en ce pays est le *vicus* de saint Louis pour les aveugles de la croisade.

Bray-Lu, sous le patronage de Notre-Dame de Luc, est un perthuis breton à rattacher à une Anne de Bretagne et à un breau de Dammarie.

L'on a vu plus haut que pour fêter saint Thomas. le pain bénit était mis à l'enchère. Au fond, il s'agit de faire une offrande à saint Thomas, en la maladrerie d'Arties-la-Ville.

D'autre part, l'on sait que « saint Germain de Paris était détenteur des euloges et pains benits qui guérissaient les lépreux ». (1).

C'est là lui reconnaître un pouvoir de Fée et comme telle il était patron de Villepreux où il y avait une Charité, celle de Villepreux.

Il y a là touchant les maladreries léproseries des abstraits de la nature humaine pour lesquels il existait des coutumes religieuses insoupçonnées de nos jours mais que l'on reconstitue par les images de la terre, aussi bien que par celles qui sont sculptées, avivées par le blason. par des titres écrits, par les traditions.

Les seigneurs de Mantes étaient les mêmes que ceux de Meulan.

Il reste deux mots à dire sur la maladrerie de Mantes-la-Ville, laquelle a pour patron saint

(1) Chronique de Mantes. A. Durand et E. Grave, p. 28.

PÈRE, SAINT PAIR, *parere* à enfanter, de qui l'on disait : ventre SAINT PATERNE, le tout confondu chez le principal apôtre au temps de la Vierge d'incarnation la chaire de saint Pierre. A la sortie de MANTES-LA-VILLE, sur le MONTECLAIR, dans une enceinte mantelée, murée, est Notre-Dame de MANTES-LA-JOLIE.

ÉTAMPES. — IMPRIMERIE MAURICE DORMANN

www.ingramcontent.com/pod-product-compliance
Lightning Source LLC
La Vergne TN
LVHW010035230826
846091LV00005B/1711

9782012877177